RÈGLEMENT

DU 5 AVRIL 1895

SUR

L'ORGANISATION ET L'EMPLOI

DU

SERVICE VÉLOCIPÉDIQUE DANS L'ARMÉE

SUIVI D'UNE

ANNEXE AU RÈGLEMENT

(Extrait du *Journal militaire*, 1er semestre 1895, n° 18.)

PARIS

LIBRAIRIE MILITAIRE DE L. BAUDOIN

IMPRIMEUR-ÉDITEUR

30, Rue et Passage Dauphine, 30

1895

RÈGLEMENT

DU 5 AVRIL 1895

SUR

L'ORGANISATION ET L'EMPLOI

DU

SERVICE VÉLOCIPÉDIQUE DANS L'ARMÉE

SUIVI D'UNE

ANNEXE AU RÈGLEMENT

(Extrait du *Journal militaire*, 1er semestre 1895, n° 18.)

PARIS

LIBRAIRIE MILITAIRE DE L. BAUDOIN

IMPRIMEUR-ÉDITEUR

30, Rue et Passage Dauphine, 30

1895

CIRCULAIRE MINISTÉRIELLE

DU 25 AVRIL 1895

PORTANT

Envoi du Règlement sur l'organisation et l'emploi du Service vélocipédique dans l'armée.

Mon cher Général, j'ai l'honneur de vous adresser..... exemplaires d'un règlement du 5 avril 1895, sur l'organisation et l'emploi du service vélocipédique dans l'armée.

Ce règlement annule et remplace le règlement provisoire du 2 avril 1892.

Aucune modification essentielle n'a, d'ailleurs, été apportée aux dispositions qui visaient les effectifs, l'affectation et l'administration des vélocipédistes ; mais les épreuves imposées pour le recrutement ont été simplifiées par la suppression de l'examen oral, qui faisait reculer beaucoup de candidats et auquel les commandants de corps d'armée attribuaient, en partie, le déficit constaté dans les effectifs réglementaires.

La question du matériel fait, au contraire, l'objet de dispositions entièrement nouvelles ; il a paru en effet nécessaire de réaliser, dans un délai aussi court que possible, l'unité de machine, condition indispensable au bon fonctionnement du service en campagne et à la rapidité des réparations.

Dans ce but, le règlement du 5 avril 1895 autorise les corps de troupe à acheter au service de l'artillerie des machines du type réglementaire au compte de leur masse de harnachement et de ferrage. Ces machines, que les corps utiliseront aux manœuvres, seront mises le reste de l'année à la disposition des officiers moyennant un abonnement dont le prix fera retour à la masse pour l'indemniser de son avance. Les corps pourront arriver ainsi à constituer assez rapidement le matériel de guerre dont les 750 bicyclettes sorties des ateliers de l'artillerie forment actuellement le noyau.

Ce système d'abonnement présentera, en outre, l'avantage de développer chez les officiers le goût d'un exercice utile à l'intérêt général de l'armée : il est hors de doute, en effet, qu'aussi bien dans les états-majors que dans les corps de troupe, un officier vélocipédiste pourra souvent rendre des services très importants en campagne.

J'ai l'honneur de vous prier de vouloir bien donner, en ce qui vous concerne, les ordres nécessaires pour que les prescriptions du règlement ci-annexé puissent recevoir le plus tôt possible leur exécution.

Signé : Gal ZURLINDEN.

RÈGLEMENT

DU 5 AVRIL 1895

SUR

L'ORGANISATION ET L'EMPLOI

DU

SERVICE VÉLOCIPÉDIQUE DANS L'ARMÉE

PREMIÈRE PARTIE.

BASES DE L'ORGANISATION ET PRINCIPES GÉNÉRAUX.

Art. 1er. Les vélocipédistes militaires, aux armées, sont avant tout des estafettes, chargées d'assurer entre les états-majors, corps de troupe et services, la transmission des ordres, comptes rendus et communications de toute nature.

Ils peuvent encore être utilisés :

— Soit isolément ou en petits groupes, comme agents de renseignements ;

— Soit exceptionnellement, en groupes plus importants, constituant alors des détachements d'éclaireurs ou de partisans à marche rapide.

Art. 2. Les vélocipédistes sont tirés des hommes de la réserve et de l'armée territoriale, qui, provisoirement, seront tenus d'apporter leur machine, dans les conditions prévues par les dispositions transitoires, articles 48 et suivants.

Art. 3. L'Etat met, en temps de paix, à la disposition des corps de troupe un certain nombre de machines, les unes à titre gratuit, les autres à titre onéreux.

Les premières sont montées par les hommes de l'armée active et utilisées pour le service général du corps.

Les secondes sont réservées aux officiers, dans les conditions du système d'abonnement défini aux articles 35 et 36, afin de développer chez eux, dans l'intérêt du service, le goût de la vélocipédie.

Les machines des deux catégories constituent le matériel destiné à assurer le service vélocipédique aux manœuvres d'automne et à la mobilisation.

Art. 4. En campagne et aux manœuvres, les divers cas dans lesquels on peut employer les estafettes vélocipédistes se rattachent aux trois situations : en marche, en stationnement, au combat. .

Art. 5. Pendant les marches, la principale mission des vélocipédistes est de relier à la colonne les différents échelons du service de sûreté de première ligne et l'avant-garde, les flanc-gardes et les colonnes parallèles.

Leur emploi dans l'intérieur de la colonne est subordonné à la largeur de la route et aux formations de marche; il ne constitue, en tout cas, qu'un service accessoire.

Quand les corps quittent les routes, ils évitent d'engager à leur suite dans les champs les vélocipédistes : ceux-ci profitent des sentiers qui conduisent dans la même direction, pour se maintenir à portée de recevoir et de transmettre un ordre. .

Art. 6. Pendant le stationnement, les vélocipédistes sont chargés de la correspondance entre les divers cantonnements. Il y aura souvent intérêt à organiser le service par gîte de cantonnement.

Aux avant-postes, ils assurent la liaison des différents échelons entre eux et avec le corps principal.

Art. 7. Pendant le combat, les vélocipédistes servent principalement à relier les états-majors entre eux et à organiser les communications avec l'arrière.

Dans la zone de l'action proprement dite, leur emploi est forcément très restreint : cette zone n'est pas leur domaine, puisque les troupes ont quitté les routes et recherchent tous les accidents du terrain.

Sauf des circonstances particulières, dès qu'une troupe prend la formation de combat, ses vélocipédistes sont groupés le plus près possible de la réserve, sur une route.

Art. 8. Le commandement est juge de l'opportunité de l'emploi des vélocipédistes dans les conditions prévues au dernier paragraphe de l'article 1.

Leur vitesse exceptionnelle, leur aptitude à fournir en peu de temps de longs trajets, le silence de leur marche sont des avantages susceptibles d'être utilisés.

Les détachements d'éclaireurs ou de partisans vélocipédistes seront généralement placés sous les ordres d'un officier sachant monter à bicyclette.

Art. 9. L'officier vélocipédiste isolé peut, en outre, dans bien des cas et particulièrement dans le service d'état-major, être chargé de missions spéciales importantes.

Les chefs d'état-major et les chefs de corps devront favoriser le développement d'un exercice utile à l'intérêt général de l'armée.

Dans cet ordre d'idées, ils s'attacheront au fonctionnement

large et régulier du système d'abonnement défini aux articles 35 et 36 du présent règlement.

Art. 10. En temps de paix, un service vélocipédique de place fonctionne dans les places où, en raison de l'effectif de la garnison, du nombre et de l'importance des services et de la longueur des distances, les planters à pied et à cheval peuvent être utilement remplacés par des vélocipédistes.

La désignation de ces places est faite par les commandants de corps d'armée.

Art. 11. En temps de guerre, les gouverneurs des places et camps retranchés auront toute latitude pour y organiser le service vélocipédique, suivant les ressources locales et les besoins à prévoir.

Il en sera de même pour les commandants de secteurs côtiers et les commandants des gîtes d'étapes qui auront souvent intérêt à développer leurs moyens de correspondance et de renseignements.

DEUXIÈME PARTIE.

ORGANISATION DU SERVICE VÉLOCIPÉDIQUE DANS L'ARMÉE.

CHAPITRE Ier.

EFFECTIFS.

Art. 12. En campagne, l'effectif des vélocipédistes de chaque état-major, corps de troupe ou service, est fixé par le tableau annexé au présent règlement.

Pendant les manœuvres d'automne, le service vélocipédique est constitué sur les mêmes bases qu'en campagne.

Art. 13. L'effectif des hommes nécessaires au fonctionnement du service vélocipédique dans les places (art. 10) est fixé par les commandants de corps d'armée.

Ces hommes, pris parmi ceux de la réserve de l'armée territoriale qui sont pourvus du brevet de vélocipédiste (art. 20), sont convoqués par ordres d'appel échelonnés; ils apportent leur machine.

CHAPITRE II.

RECRUTEMENT ET AFFECTATION DES VÉLOCIPÉDISTES.

Art. 14. Les vélocipédistes sont désignés par les généraux commandants de corps d'armée au fur et à mesure des besoins, parmi les hommes ayant obtenu le brevet de vélocipédiste à la suite d'une épreuve spéciale.

Art. 15. Cette épreuve est organisée, sur l'ordre du général commandant le corps d'armée, dans les places où l'effectif de la garnison permet la constitution de la commission d'examen.

La commission se compose de trois membres : un capitaine et deux lieutenants ou sous-lieutenants. Elle est assistée d'un mé- decin militaire.

Les membres de la commission et le médecin sont désignés par le commandant d'armes.

Art. 16. Les épreuves ont lieu en principe une fois par an. Toutefois, les commandants de corps d'armée demeurent libres d'en augmenter le nombre ou de les supprimer, suivant que les effectifs des vélocipédistes sont en déficit ou en excédent.

Le déplacement des candidats ne leur donne droit à aucune indemnité; par suite il y aura généralement intérêt à procéder aux épreuves, pendant les périodes de convocation des réser- vistes et des territoriaux.

Art. 17. Peuvent prendre part à l'épreuve, les hommes de l'armée active dans leur dernière année de service et les hommes de la réserve et de l'armée territoriale.

Ceux qui sont présents sous les drapeaux adressent leur de- mande à leur chef de corps; les autres l'adressent au comman- dant du bureau de recrutement de leur domicile ou de leur rési- dence.

Art. 18. Pour être admis à l'épreuve le candidat doit :

1º Justifier devant la commission qu'il possède une instruction primaire élémentaire (lecture, écriture, calcul), et qu'il est en état de se servir pratiquement d'une carte routière;

2º Etre reconnu, par le médecin adjoint à la commission, apte à l'emploi de vélocipédiste (1).

Art. 19. L'épreuve consiste en un parcours de 60 kilomètres en terrain moyennement accidenté. Ce parcours doit être accompli en moins de 6 heures. Il est exécuté sur une bicyclette amenée par le candidat.

La commission doit s'assurer, en outre, que les candidats sont en état de démonter et de remonter les principales pièces de leur machine.

---

(1) Nota. — Ce médecin s'assure que, en dehors des conditions générales d'aptitude physique prévues par l'instruction du 13 mai 1894, le candidat réunit encore les sui- vantes :

Avoir une intégrité absolue des organes de la respiration, une poitrine large et bien développée;

Ne présenter aucune affection du cœur;

Ne pas être prédisposé aux hernies;

Ne pas présenter de varices ou de varicocèle;

N'être atteint d'aucune affection articulaire, qui puisse apporter une gène quelconque aux mouvements des membres inférieurs;

Avoir, sans daltonisme, une acuité visuelle normale, au moins pour l'un des deux yeux, et égale à un demi pour l'autre; la correction par des verres ne sera admise que pour les myopes et jusqu'à la limite de quatre dioptries.

Elle se fait présenter leur livret individuel, ainsi que les brevets ou diplômes qu'ils ont pu obtenir dans les concours ou auprès des diverses sociétés vélocipédiques.

Art. 20. La commission formule, par une note de 0 à 20, qui n'est pas communiquée aux candidats, son opinion sur la valeur de chacun d'eux, en tenant compte de sés diverses qualités (conduite, intelligence, instruction, connaissances mécaniques spéciales, vigueur physique, etc....) en même temps que de la rapidité du parcours d'épreuve, eu égard au type et au poids de la machine.

Elle élimine les candidats insuffisants et dresse une liste de classement de ceux qu'elle reconnaît aptes à l'emploi de vélocipédiste.

Le président de la commission établit, signe et remet immédiatement à chacun de ces derniers un brevet conforme au modèle annexé au présent règlement; il fait porter la mention « breveté vélocipédiste » sur le livret individuel, à la rubrique « instructions, stages et emplois spéciaux ».

La liste des brevetés est transmise au général commandant le corps d'armée, qui en adresse des extraits aux commandants des bureaux de recrutement intéressés.

La mention « breveté vélocipédiste » est inscrite sur le livret matricule de l'homme, au verso de la couverture, dans la colonne « Observations » de l'état de notes.

Art. 21. Les généraux commandants de corps d'armée peuvent déléguer aux officiers généraux sous leurs ordres tout ou partie de leurs attributions, en ce qui concerne le recrutement des vélocipédistes.

Art. 22. Ils décident de l'affectation des vélocipédistes suivant les besoins des états-majors, corps ou services.

Cette décision est portée à la connaissance des chefs de corps ou de service intéressés et des bureaux de recrutement.

Mention en est faite sur les livrets matricules des hommes.

Art. 23. Les vélocipédistes des corps de troupe sont affectés à ces corps.

Ceux des états-majors ou services sont affectés aux sections de secrétaires, de commis et ouvriers et d'infirmiers.

Dans le cas où ces états-majors ou services ne sont pas stationnés avec la portion principale desdites sections, les vélocipédistes qui leur sont attribués comptent dans ces sections, mais sont mobilisés par les soins d'un corps de la garnison.

Art. 24. Les vélocipédistes gradés conservent leur grade de caporal ou de sous-officier.

Toutefois, les sergents-majors ou maréchaux des logis chefs et les fourriers qui voudraient être affectés comme vélocipédistes doivent être remis sergents ou maréchaux des logis au moment de leur affectation.

Les adjudants ne sont pas admis à se présenter comme vélocipédistes.

Art. 25. Les vélocipédistes comptent dans leurs unités en sus des effectifs de guerre.

CHAPITRE III.

HABILLEMENT, ÉQUIPEMENT ET ARMEMENT DES VÉLOCIPÈDISTES.

Art. 26. L'habillement des vélocipédistes de tous les états-majors, corps de troupe et services, comporte les effets indiqués ci-après :

1° Manteau à capuchon en drap, du modèle des chasseurs alpins ;

2° Vareuse-dolman, du modèle des chasseurs alpins, avec attribut général sur le collet (vélocipède).

Brassard en drap de la couleur du fond de la vareuse avec attribut spécial et numéro (voir l'annexe au présent règlement) : boutons et insignes de grade du modèle général de l'infanterie ;

3° Jersey du modèle des chasseurs alpins ;

4° Pantalon de drap garance du modèle de l'infanterie ;

5° Ceinture de laine du modèle des chasseurs alpins ;

6° Képi du modèle de l'infanterie.

Les vélocipédistes des bataillons de chasseurs à pied conservent les boutons et les insignes de grade, ainsi que le pantalon et la coiffure de leur corps.

Art. 27. Les vélocipédistes sont pourvus des effets de linge réglementaires. Toutefois, ils ont en plus une cravate de rechange, et leurs deux chemises sont en flanelle de coton avec col.

Art. 28. Chaque vélocipédiste est pourvu de deux paires de chaussures réglementaires du modèle dit « de repos » et d'une paire de jambières en toile imperméable.

Art. 29. L'équipement comprend :

1° L'étui-musette du modèle réglementaire ;

2° Un sac à dépêches ;

3° La cartouchière, du modèle de la cavalerie, maintenue par une courroie-ceinture ;

4° Le petit bidon avec quart adhérent, du modèle de la cavalerie ;

5° Le havresac, du modèle réglementaire pour les troupes à pied ; cet objet est porté sur les voitures.

Art. 30. L'armement est constitué par la carabine de cavalerie modèle 1890 ; elle est protégée par une gaine de cuir arrimée sur la machine.

Les munitions comprennent 18 cartouches.

Art. 31. Les dispositions qui précèdent, relatives à l'habillement, à l'équipement et à l'armement, ne s'appliquent qu'aux hommes définitivement affectés comme vélocipédistes et convoqués pour les manœuvres d'automne, ou en cas de mobilisation.

Dans tous les autres cas, les hommes employés comme vélocipédistes conservent la tenue de leur corps : ils montent sans armes et, dans les troupes à cheval, ils font usage du pantalon sans basane et d'une chaussure d'homme à pied.

CHAPITRE IV.

DU MATÉRIEL A EMPLOYER.

Art. 32. Le type de machine employé dans l'armée est une bicyclette de route, dont le modèle est déterminé par le Ministre, sur la proposition du service de l'artillerie.

Les bicyclettes réglementaires sont confectionnées par les soins de ce service.

Art. 33. Les machines fournies par l'Etat à titre gratuit (art. 3) sont délivrées à raison de :

Deux par régiment d'infanterie, du génie, d'artillerie et par bataillon formant corps (ceux d'infanterie légère d'Afrique exceptés); une par régiment de cavalerie et par escadron du train des équipages militaires.

Art. 34. Les machines fournies par l'Etat à titre onéreux (art. 3) sont délivrées dans les conditions suivantes :

Les corps de troupe sont autorisés à acheter au service de l'artillerie, au compte de leur masse de harnachement et de ferrage, un certain nombre de bicyclettes. Les demandes, visées par le sous-intendant chargé de la surveillance de la masse, sont centralisées par les commandants de corps d'armée et transmises au Ministre, qui statue.

La valeur des bicyclettes acquises par les corps de troupe est remboursée au service de l'artillerie, d'après un tarif fixé par le Ministre, au moyen d'un versement au Trésor.

Les corps rentrent eux-mêmes dans leurs avances au moyen du système d'abonnement pour les officiers, défini à l'article suivant.

Art. 35. Les officiers et assimilés sont autorisés à prendre des bicyclettes par abonnement.

Cet abonnement ne peut porter sur une durée inférieure à trois mois.

La délivrance des bicyclettes aux officiers de troupe est autorisée par le chef de corps.

Les officiers d'état-major, les officiers sans troupe et assimilés, désireux d'obtenir des bicyclettes par abonnement, doivent s'adresser aux commandants des corps de troupe.

Le prix de l'abonnement, décompté sur le taux de 9 francs par mois, est versé à la masse de harnachement et ferrage du corps livrancier.

Si l'officier appartient au corps, ce versement est fait directement et tous les mois par le trésorier au moyen d'une retenue opérée sur la solde.

Si l'officier n'appartient pas au corps, il opère le versement tous les trois mois au Trésor, pour faire retour à la masse.

Les versements ont lieu à terme échu.

Art. 36. L'abonnement aux bicyclettes souscrit par les officiers cesse de plein droit lorsque ces bicyclettes sont employées par le corps aux manœuvres d'automne, ou requises à la mobilisation. En cas de mutation d'au moins quinze jours, l'officier a la latitude de conserver son abonnement ou d'y renoncer. Lorsque l'abonnement est interrompu, le débours à mettre à la charge de l'officier est calculé sur le taux de 0 fr. 30 par jour, d'après le temps pendant lequel la machine a été mise effectivement à sa disposition.

Art. 37. Les officiers sont autorisés à monter en tenue.

Art. 38. En cas de mobilisation, toutes les bicyclettes fournies par l'Etat soit à titre gratuit, soit à titre onéreux, sont employées à constituer le service vélocipédique. Les commandants de corps d'armée disposent des machines qui peuvent se trouver en excédent de l'effectif réglementaire dans un corps de troupe et les affectent à un corps présentant du déficit. Les machines ainsi prélevées sont remboursées au corps par l'Etat, après estimation et en tenant compte de la moins-value.

Art. 39. Les vélocipédistes convoqués pour le service de place, conformément aux dispositions de l'article 13, sont tenus d'apporter une machine de route ou de demi-route, ainsi que les accessoires et pièces de rechange nécessaires.

A leur arrivée, ces machines sont examinées, vérifiées et, pour éviter toute contestation ultérieure, évaluées par une commission désignée à cet effet par le commandant d'armes. Cette commission comprend deux officiers et un chef armurier.

Lorsque la machine n'est pas jugée susceptible de faire un bon service, la convocation de l'homme comme vélocipédiste est annulée et il accomplit une période d'instruction à l'époque normale de l'appel de sa classe et dans les conditions ordinaires.

Art. 40. En temps de guerre, les bicyclettes appartenent à des particuliers sont, s'il est nécessaire, réquisitionnées conformément aux dispositions prévues à l'article 17 du décret du 2 août 1877.

CHAPITRE V.

ADMINISTRATION, SOLDE, RÉPARATIONS, RÉFORMES.

Art. 41. En garnison, les vélocipédistes convoqués conformément aux dispositions de l'article 13 reçoivent la solde de leur grade.

Aux manœuvres d'automne et en campagne, les vélocipédistes affectés aux états-majors et services ont droit à une indemnité journalière, uniforme pour tous les grades, de 2 fr. 50, à l'exclusion de toute autre allocation. Ceux des corps de troupe n'ont droit, en principe, qu'à la solde de leur grade et vivent à l'ordinaire ; exceptionnellement et sur l'ordre du chef de corps, il leur est alloué une indemnité de 2 fr. 50 par jour, exclusive de toute autre allocation.

Les indemnités journalières de 2 fr. 50 sont imputées sur les fonds de l'indemnité de route.

Le chef de corps ou de service peut délivrer aux vélocipédistes un certain nombre de bons de réquisition pour une demi-journée de nourriture chez l'habitant.

Art. 42. Les corps sont responsables, dans les conditions indiquées aux articles 43, 44, 45, de l'entretien et des réparations des bicyclettes qu'ils détiennent soit à titre gratuit, soit à titre onéreux.

Les réparations de ces bicyclettes sont exécutées suivant leur importance, soit par les chefs armuriers, soit par le service de l'artillerie, aux prix indiqués par des tarifs fixés par le Ministre.

En temps de paix, les réparations à exécuter par le service de l'artillerie ne sont autorisées que par le Ministre ; le montant en est remboursé, par un versement au Trésor, à ce service qui supporte les dépenses de transport.

Art. 43. Les corps ont à leur charge les dépenses occasionnées par l'entretien et les réparations :

1° Des bicyclettes qu'ils détiennent à titre gratuit ;

2° Des bicyclettes qu'ils détiennent à titre onéreux, pendant tout le temps qu'elles sont utilisées aux manœuvres d'automne.

Ces dépenses sont supportées par la masse de harnachement et de ferrage.

Art. 44. Il est alloué à la masse de harnachement et de ferrage :

1° Une prime journalière de 0 fr. 07 pour chaque bicyclette détenue à titre gratuit. Cette prime est portée de 0 fr. 07 à 0 fr. 50 pendant tout le temps que ces bicyclettes sont utilisées aux manœuvres d'automne ;

2° Une prime journalière de 0 fr. 50 pour chaque bicyclette détenue à titre onéreux, pendant tout le temps que ces bicyclettes sont employées par les corps aux manœuves d'automne.

Art. 45. Les officiers détenteurs par abonnement de bicyclettes réglementaires ont à leur charge l'entretien et les réparations de ces machines.

Les réparations sont exécutées dans les conditions et aux tarifs mentionnnés ci-dessus, art. 42.

Le montant en est acquitté par la masse de harnachement et de ferrage et remboursé à cette masse par l'officier.

Art. 46. Les vélocipédistes convoqués pour le service de place (art. 13) ont droit à une indemnité journalière de 0 fr. 60 pour l'usure et l'entretien de leur machine.

En outre, les grosses réparations provenant de cas de force majeure, constatés par procès-verbal, sont à la charge de l'Etat.

Les indemnités pour usure et entretien sont payées sur les fonds du service de la solde, et régularisées dans une colonne spéciale des feuilles de journée de l'unité qui administre les intéressés.

Art. 47. La réforme des bicyclettes détenues par les corps soit à titre gratuit, soit à titre onéreux, est prononcée par le Ministre, sur la proposition des inspecteurs généraux.

TROISIÈME PARTIE.

DISPOSITIONS TRANSITOIRES.

Art. 48. En attendant que l'on dispose du nombre de bicyclettes du type réglementaire, fixé par le tableau d'effectif, les vélocipédistes sont tenus, pour les manœuvres d'automne et en cas de mobilisation, et sauf ordre contraire de leur chef de corps, d'apporter une machine ainsi que les accessoires et pièces de rechange nécessaires.

Art. 49. Les dispositions des articles 39 et 46 sont appliquées aux vélocipédistes convoqués avec leur machine pour les manœuvres d'automne ; toutefois l'indemnité journalière d'usure et d'entretien de la machine est portée à 1 franc.

Art. 50. Les vélocipédistes convoqués avec leur machine en cas de mobilisation (art. 48) sont traités au point de vue de la solde comme il est indiqué à l'art. 41.

Leurs machines sont examinées, vérifiées et évaluées par la commission mentionnée à l'art. 39, puis réquisitionnées conformément à l'article 17 du décret du 2 août 1877.

En conséquence, le vélocipédiste ne reçoit en campagne aucune indemnité spéciale pour l'entretien et les réparations de la machine, qui sont à la charge de l'Etat.

Quand le vélocipédiste reprend possession de sa machine, l'indemnité pour la dépréciation qu'elle a pu subir lui est payée en prenant pour base l'évaluation faite par la commission précitée.

TABLEAU indiquant le nombre des vélocipédistes affectés à chaque état-major, corps de troupe ou service.

CORPS OU SERVICE.	NOMBRE de VÉLOCIPÉDISTES.	OBSERVATIONS.
Quartier général d'un corps d'armée.		Les effectifs indiqués ci-contre sont reproduits dans les tableaux d'effectifs de guerre avec la mention qu'ils comptent en sus des effectifs des corps de troupe.
Etat-major d'un corps d'armée....	8	
Général commandant l'artillerie d'un corps d'armée.,	2	
Colonel commandant le génie d'un corps d'armée....	1	
Direction des services de l'intendance.............	2	
Direction du service de santé....................	1	
Trésorerie et postes d'un corps d'armée............	3	
Section télégraphique de première ligne...........	2	
Quartier général d'une division d'infanterie.		Le nombre des vélocipédistes attribués aux états-majors des corps d'armée et des divisions a été calculé de manière à leur permettre de venir en aide aux différents services des quartiers généraux, lorsque des circonstances particulières rendraient insuffisantes les ressources dont ces services disposent en vélocipédistes.
Etat-major de la division.....................	4	
Etat-major de l'artillerie divisionnaire.	2	
Services administratifs........................	2	
Direction du service de santé....................	1	
Trésorerie et postes...........................	2	
Quartier général d'une division de cavalerie indépendante.		
Etat-major de la division......	4	
Commandant l'artillerie de la division............	1	
Sous-intendant de la division....................	1	
Trésorerie et postes...........................	2	
Etat-major d'une brigade d'infanterie.............	2	
Etat-major d'une brigade de cavalerie.	2	
Régiment d'infanterie............·...........	4	
Bataillon de chasseurs.........................	3	
Compagnie divisionnaire du génie................	1	
Régiment de cavalerie.........................	2	
Commandant de l'artillerie de corps d'un corps d'armée.	2	
Etat-major du parc d'artillerie..................	2	
Ambulance du quartier général...................	1	
Ambulance divisionnaire........................	1	
Ambulance d'une division de cavalerie.	1	
Boulangerie de campagne.......................	1	

 CORPS D'ARMEE.

PLACE

BREVET DE VÉLOCIPÉDISTE.

Le Président de la Commission d'épreuves vélocipédiques

Certifie que le (*grade, nom et prénoms*)   a satisfait
à l'épreuve qu'il a subie à   , le
     189 .

En conséquence, le (*grade et nom*)   est déclaré
BREVETÉ VÉLOCIPÉDISTE.

A   , le   189 .

Le Président de la Commission,

ANNEXE A L'ARTICLE 26.

Les vélocipédistes visés au paragraphe 1 de l'article 31 portent un attribut général, signe distinctif de leur emploi, et des attributs spéciaux ainsi que des numéros permettant de reconnaître le quartier général (état-major ou services) ou le corps de troupe auquel ils appartiennent.

A. — ATTRIBUT GÉNÉRAL.

L'attribut général consiste en un vélocipède cousu sur chacun des revers du collet de la vareuse.

Pour les caporaux et soldats, le vélocipède est en drap 23 ains (garance, jonquille ou bleu de ciel, selon le cas) découpé à l'emporte-pièce.

Le vélocipède a les dimensions suivantes :

Longueur totale........................ 0^m,050.
Hauteur (gouvernail compris). .... 0^m,035.

Pour les sous-officiers, le vélocipède est des mêmes dimensions, mais il est brodé en filé d'or ou d'argent (selon le cas) au passé, sans aucunes paillettes ni cannetilles sur drap du fond de la vareuse : il est cousu en soie comme les galons d'or ou d'argent.

B. — ATTRIBUTS SPÉCIAUX ET NUMÉROS.

Les attributs spéciaux et les numéros dont le détail est donné ci-dessous varient suivant les affectations des vélocipédistes : ils sont en drap 23 ains (garance, jonquille ou bleu de ciel, selon le cas) découpés à l'emporte-pièce pour les sous-officiers, caporaux et soldats et cousus sur un brassard.

Le brassard en drap de couleur du fond se porte au bras gauche et se fixe au vêtement au moyen d'une boucle placée en dessous. Deux boucles en drap du fond, doublure idem, sont adaptées de chaque côté de la manche pour empêcher le brassard de glisser et de se perdre.

Longueur totale du brassard. .... 0^m,430.
Largeur au milieu...................... 0^m,080.
Largeur aux extrémités................... 0^m,030.

1° VÉLOCIPÉDISTES AFFECTÉS AUX ÉLÉMENTS D'UN QUARTIER GÉNÉRAL DE CORPS D'ARMÉE (ETAT-MAJOR, ARTILLERIE [*commandant de l'artillerie du corps d'armée et commandant de l'artillerie de corps, parcs*]. GÉNIE, INTENDANCE, SANTÉ, TRÉSOR ET POSTES, SECTION TÉLÉGRAPHIQUE DE PREMIÈRE LIGNE, AMBULANCE, BOULANGERIE DE CAMPAGNE.

Attribut général. — Vélocipède en drap garance pour les caporaux et soldats, en or pour les sous-officiers. (*Fig.* 1.)

3

Numéro. — Le numéro du corps d'armée, en chiffres romains de 0ᵐ,040 (drap garance). (*Fig.* 2.)

2º VÉLOCIPÉDISTES AFFECTÉS AUX ÉLÉMENTS D'UN QUARTIER GÉNÉRAL DE DIVISION D'INFANTERIE (ETAT-MAJOR, ARTILLERIE, GÉNIE, INTENDANCE, SANTÉ, TRÉSOR ET POSTES).

Attribut général. — Vélocipède en drap garance pour les caporaux et soldats, en or pour les sous-officiers.

Numéros. — Le numéro du corps d'armée, en chiffres romains de 0ᵐ,030 (drap garance); au-dessous, le numéro de la division dans le corps d'armée, en chiffres arabes de 0ᵐ,020 (drap garance. (*Fig.* 3.)

3º VÉLOCIPÉDISTES AFFECTÉS A L'ETAT-MAJOR D'UNE BRIGADE D'INFANTERIE.

Attribut général. — Vélocipède en drap garance pour les caporaux et soldats, en or pour les sous-officiers.

Numéros. — Le numéro du corps d'armée, en chiffres romains de 0ᵐ,025 (drap garance): sous ce numéro, le numéro de la division dans le corps d'armée, en chiffres arabes de 0ᵐ,020 (drap garance); au-dessous du numéro de la division, le numéro de la brigade dans la division, en chiffres arabes de 0ᵐ,020 (drap garance. (*Fig.* 4.)

4º VÉLOCIPÉDISTES AFFECTÉS AUX TROUPES DU GÉNIE.

Attribut général. — Vélocipède en drap garance pour les caporaux et soldats, en or pour les sous-officiers.

Attribut spécial. — Pot en tête surmontant la cuirasse, 0ᵐ,030 de hauteur sur 0ᵐ,015 de largeur. (*Fig.* 5.)

5º VÉLOCIPÉDISTES AFFECTÉS A L'ETAT-MAJOR D'UNE BRIGADE DE CAVALERIE DE CORPS D'ARMÉE.

Attribut général. — Vélocipède en drap bleu de ciel pour les caporaux et soldats, en argent pour les sous-officiers.

Attribut spécial et numéros. — Le numéro du corps d'armée, en chiffres romains de 0ᵐ,030 (drap garance) : au-dessous l'étoile à huit branches de 0ᵐ,025 de diamètre (drap bleu de ciel). (*Fig.* 6.)

6º VÉLOCIPÉDISTES AFFECTÉS AUX ÉLÉMENTS D'UN QUARTIER GÉNÉRAL DE DIVISION DE CAVALERIE INDÉPENDANTE (ETAT-MAJOR, ARTILLERIE, INTENDANCE, TRÉSOR ET POSTES, AMBULANCE).

Attribut général. — Vélocipède en drap bleu de ciel pour les caporaux et soldats, en argent pour les sous-officiers.

Attribut spécial et numéro. — L'étoile à huit branches de 0ᵐ,025 de diamètre (drap bleu de ciel) : au-dessous, le numéro de la division en chiffres romains de 0ᵐ,030 (drap bleu de ciel). (*Fig.* 7.)

7º Vélocipédistes affectés aux Etats-majors des brigades de division de cavalerie indépendante.

Attribut général. — Vélocipède en drap bleu de ciel pour les caporaux et soldats, en argent pour les sous-officiers.

Attributs spéciaux et numéro. — L'étoile à huit branches de 0ᵐ,020 de diamètre (drap bleu de ciel : au-dessous, le numéro de la division de cavalerie indépendante en chiffres romains de 0ᵐ,025 (drap bleu de ciel) ; sous le numéro de la division, une grenade de 0ᵐ,010 (diamètre de la sphère) sur 0ᵐ,020 de hauteur (drap bleu de ciel), pour les brigades de cuirassiers. (*Fig.* 8.)

Deux lances avec flammes en croix de 0ᵐ,020 de hauteur sur 0ᵐ,060 de longueur (drap bleu de ciel) pour les brigades de dragons. (*Fig.* 9.)

Un cor de chasse de 0ᵐ,020 de hauteur sur 0ᵐ,050 de longueur (drap bleu de ciel), pour les brigades de chasseurs. (*Fig.* 10.)

Tresse hongroise de 0ᵐ,015 de hauteur sur 0ᵐ,065 de longueur (drap bleu de ciel) pour les brigades de hussards. (*Fig.* 11.)

8º Vélocipédistes affectés a un régiment d'infanterie.

Attribut général. — Vélocipède en drap garance pour les caporaux et soldats, en or pour les sous-officiers.

Numéros. — Le numéro du régiment en chiffres arabes de 0ᵐ,030 (drap garance. (*Fig.* 12.)

9º Vélocipédistes affectés a un bataillon de chasseurs a pied.

Attribut général. — Vélocipède en drap jonquille pour les caporaux et soldats, en argent pour les sous-officiers.

Numéros. — Le numéro du bataillon en chiffres arabes de 0ᵐ,030 (drap jonquille.) (*Fig.* 13.)

10º Vélocipédistes affectés a des régiments de cavalerie.

Attribut général. — Vélocipède en drap bleu de ciel pour les caporaux et soldats, en argent pour les sous-officiers.

Attributs spéciaux et numéros. — Grenade (drap bleu de ciel) pour les cuirassiers ; lances avec flammes en croix (drap bleu de ciel) pour les dragons ; cor de chasse (drap bleu de ciel) pour les chasseurs ; tresse hongroise (drap bleu de ciel) pour les hussards. Au-dessous de ces attributs. le numéro du régiment de 0ᵐ,030 (drap bleu de ciel). (*Fig.* 14, 15, 16, 17.)

11° Vélocipédistes affectés a un régiment de zouaves.

Attribut général. — Vélocipède en drap garance pour les caporaux et soldats, en or pour les sous-officiers.

Attributs spéciaux et numéros. — Croissant de $0^m,020$ de hauteur sur $0^m,040$ de longueur (drap garance); au-dessous, le numéro du régiment en chiffres arabes de $0^m,030$ (drap garance). (*Fig.* 18.)

12° Vélocipédistes affectés a un régiment de tirailleurs.

Attribut général. — Vélocipède en drap jonquille pour les caporaux et soldats, en or pour les sous-officiers.

Attributs spéciaux et numéros. — Croissant de $0^m,020$ de hauteur sur $0^m,040$ de longueur (drap jonquille); au-dessous, le numéro du régiment en chiffres arabes de $0^m,030$ (drap jonquille). (*Fig.* 19.)

13° Vélocipédistes affectés a un régiment de chasseurs d'afrique.

Attribut général. — Vélocipède en drap bleu de ciel pour les caporaux et soldats, en argent pour les sous-officiers.

Attributs spéciaux et numéros. — Croissant de $0^m,020$ de hauteur sur $0^m,040$ de longueur (drap jonquille); au-dessous, le numéro du régiment en chiffres arabes de $0^m,030$ (drap bleu de ciel). (*Fig.* 20.)

14° Vélocipédistes affectés a un régiment de spahis.

Attribut général. — Vélocipède en drap bleu de ciel pour les caporaux et soldats, en argent pour les sous-officiers.

Attributs spéciaux et numéros. — Croissant de $0^m,020$ de hauteur sur $0^m,040$ de longueur (drap garance); au-dessous, le numéro du régiment en chiffres arabes de $0^m,030$ (drap bleu de ciel). (*Fig.* 21.)

VÉLOCIPÉDIE

Attribut général
Attributs spéciaux

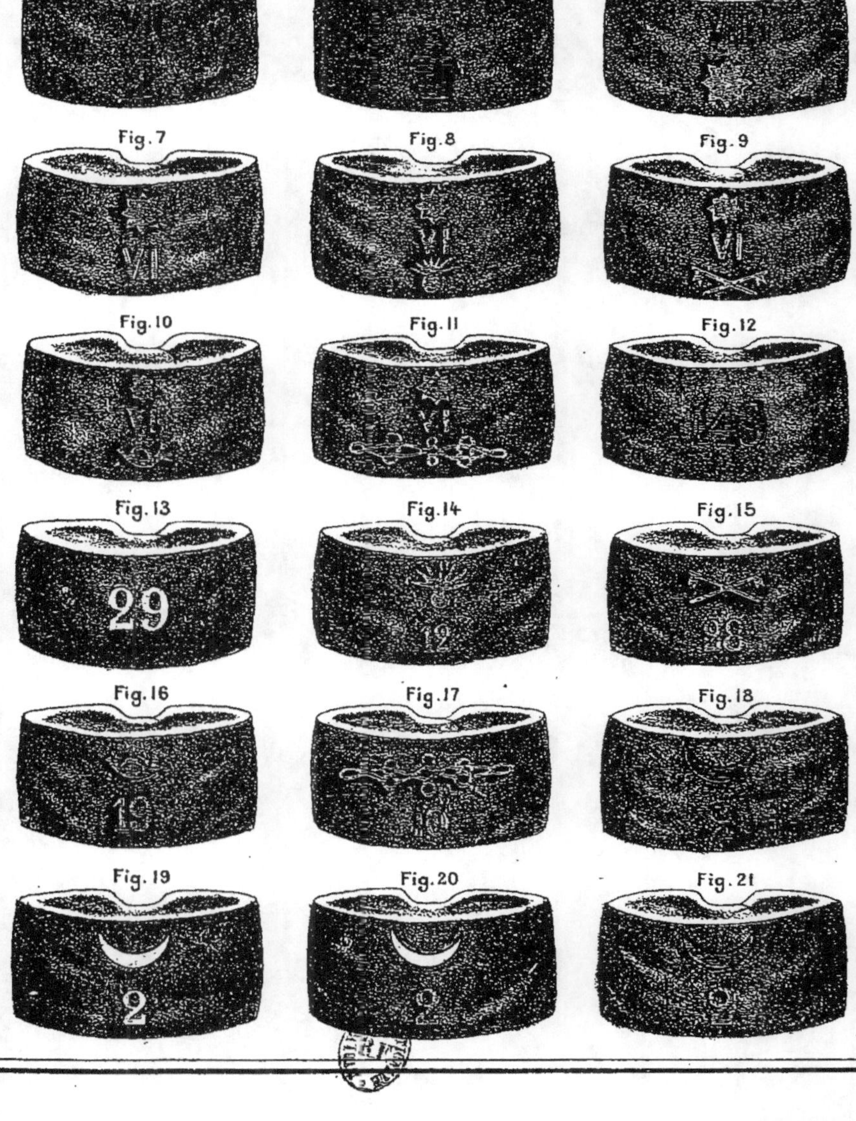

ANNEXE

au Règlement du 5 avril 1895 sur le Service vélocipédique dans l'armée.

Paris, le 31 mai 1895.

BICYCLETTES MODÈLE 1893.

1º *Liste des réparations à exécuter par l'atelier de construction de Puteaux et tarif de ces réparations.*

Pour l'exécution de ces réparations, les corps devront envoyer à l'atelier de construction de Puteaux le cadre proprement dit.

PIÈCES DE BICYCLETTE de rechange. Pièces fournies et montées par l'atelier de Puteaux.	PRIX auquel elles seront livrées aux corps.	INDICATION DES RÉPARATIONS.	PRIX total de la réparation.	OBSERVATIONS.
	fr. c.		fr. c.	
		Cadre proprement dit.		
Tube du cadre émaillé..........	3 42	Remplacer 1 tube du cadre.	3 92	Ajouter : 1º pour le tube antérieur, 0 fr. 15 de montage de la plaque d'identité ; 2º pour le tube inférieur, 0 fr. 25 de rebrasage du support du tendeur.
2 tubes du cadre émaillés.......	5 09	— 2 — .	5 59	
3 tubes du cadre émaillés.......	6 76	— 3 — .	7 26	
Coude émaillé....	4 12	— 1 cadre........	4 62	
2 coudes du cadre émaillés.......	6 49	— 2 —	6 99	
3 coudes du cadre émaillés.......	8 86	— 3 —	9 36	

2º *Liste des réparations à exécuter par les chefs armuriers
et tarif de ces réparations.*

PIÈCES DE BICYCLETTE DE RECHANGE. État de fabrication dans lequel elles sont envoyées aux corps par l'atelier de construction de Puteaux.	PRIX AUQUEL elles sont livrées aux corps.	INDICATION DES RÉPARATIONS.	PRIX TOTAL de la réparation.	OBSERVA-TIONS.
	fr. c.		fr. c.	
		I. — ROUES. (*a.*)		
Roue directrice complète, finie, réglée, émaillée.........	46 29	Remplacer une roue directrice complète....	46 42	
Roue motrice complète, finie, réglée, émaillée........	47 37	Remplacer une roue motrice complète.....	47 57	
Roue finie, montée, émaillée, comprenant le moyeu, le pignon, le contre-écrou, les cuvettes, le graisseur et son chapeau, les rayons, la jante, le caoutchouc collé..	39 49	Remplacer une roue sans l'axe, ni les cônes, ni les écrous, ni les billes, ni les pare-poussière. { Roue antérieure........ Roue postérieure.......	39 44 39 49	
Roue finie, montée, émaillée, comprenant le corps du moyeu, le pignon, le contre-écrou, les cuvettes, les rayons, le graisseur et son chapeau, la jante..	23 »	Remplacer une roue sans le caoutchouc ni l'axe, ni les cônes, ni les écrous, ni les billes, ni les pare-poussière. { Roue antérieure........ Roue postérieure.......	23 57 23 62	Y compris le collage du caoutchouc.
		Démonter et remonter complètement une roue, moyeu, rayons, jante, caoutchouc. { Roue antérieure........ Roue postérieure.......	0 28 0 33	
		Centrer une roue.....................	0 30	
		Redresser une roue voilée et la centrer....	0 80	

PIÈCES DE BICYCLETTE DE RECHANGE. État de fabrication dans lequel elles sont envoyées aux corps par l'atelier de construction de Puteaux.	PRIX AUQUEL elles sont livrées aux corps.	INDICATION DES RÉPARATIONS.			PRIX TOTAL de la réparation.	OBSERVATIONS.
	fr. c.	**ROUES** (*suite*). *b*) MOYEU.			fr. c.	
Corps de moyeu fini et émaillé avec le pignon et son contre-écrou, les 2 cuvettes, le graisseur et son chapeau...	12 57	1° Corps du moyeu.	Remplacer le corps du moyeu.	Roue antérieure....	13 97	Y compris le vernissage des rayons.
				Roue postérieure. ..	14 02	
Etouteau fixant le pare-poussière au moyeu..........	0 02		Remplacer un étouteau.	Roue antérieure....	0 16	
				Roue postérieure...	0 21	
Pignon fini, trempé, non émaillé......	2 54		Remplacer un pignon.	Roue antérieure....	2 56	Y compris le vernissage.
				Roue postérieure...	2 61	
Contre-écrou du pignon modèle A...	0 48		Remplacer un contre-écrou du pignon.	Roue antérieure....	0 52	
				Roue postérieure...	0 57	
Contre-écrou pare-poussière mod. B.	0 70		Remplacer un conte-écrou pare-poussière.	Roue antérieure....	0 74	
				Roue postérieure...	0 79	
Cuvette trempée. . .	0 51		Remplacer une cuvette.	Roue antérieure....	0 81	
				Roue postérieure...	0 86	
2 cuvettes	1 02		Remplacer les 2 cuvettes d'une roue.	Roue antérieure....	1 36	
				Roue postérieure...	1 41	
Graisseur sans chapeau............	0 06		Remplacer un graisseur cassé dans le moyeu.	Roue antérieure....	0 23	
				Roue postérieure....	0 28	
Chapeau de graisseur.	0 06		Remplacer le chapeau d'un graisseur..		0 07	
Graisseur sans chapeau............	0 06		Remplacer un graisseur.............		0 08	
Axe fini...........	1 53	2° Axe de la roue	Remplacer un axe.	Roue antérieure....	1 67	
				Roue postérieure...	1 72	
Cône fixe, fini, trempé	1 09		Remplacer un cône fixe.	Roue antérieure....	1 21	
				Roue postérieure...	1 26	
Cône mobile, fini, trempé.........	1 13		Remplacer un cône mobile.	Roue antérieure....	1 25	
				Roue postérieure...	1 30	
Ecrou à embase. ...	0 17		Remplacer un écrou à embase..........		0 19	Y compris le vernissage.
Ecrou à chapeau....	0 40		Remplacer un écrou à chapeau..........		0 47	
Marchepied........	1 48		Remplacer un marchepied.............		1 55	
Billes de 7mm 94....	36 » le mille.	3° Billes.	Remplacer une ou plusieurs billes de 7, 9, 4.	Roue antérieure....	0 25	Pour le démontage et le remontage, non compris le prix des billes.
				Roue postérieure...	0 30	
Parc-poussière (modèle A).........	0 92		Remplacer un pare-poussière.	Roue antérieure....	1 06	
				Roue postérieure...	1 11	
Pare-poussière (modèle B)..........	0 25		Remplacer un pare-poussière.	Roue antérieure....	0 39	
				Roue postérieure...	0 44	

PIÈCES DE BICYCLETTE DE RECHANGE. — État de fabrication dans lequel elles sont envoyées aux corps par l'atelier de construction de Puteaux.	PRIX AUQUEL elles sont livrées aux corps.	INDICATION DES RÉPARATIONS.		PRIX TOTAL de la réparation.	OBSERVATIONS.
	fr. c.	**ROUES** (*suite*).		fr. c.	
		c) RAYONS.			
Rayon fileté non émaillé.........	0 05	Remplacer un rayon du côté opposé au pignon........................		0 08	
Rayon fileté non émaillée.........	0 05	Remplacer un rayon du côté du pignon.	Roue antérieure........	0 08	Par rayon, plus une somme fixe de 0 fr. 03 pour le démontage et le remontage du pignon, y compris le vernissage.
			Roue postérieure......	0 08	Par rayon, plus une somme fixe de 0 fr. 08 pour le démontage et le remontage du pignon, y compris le vernissage.
Écrou à embase en laiton..........	0 03	Remplacer un écrou à embase en laiton....		0 08	
		Redresser un rayon.		0 04	
		d) JANTE.			
Jante finie, émaillée, avec caoutchouc ..	20 93	Remplacer une jante avec caoutchouc.	Roue antérieure........	21 63	Y compris le collage du caoutchouc.
			Roue postérieure.......	21 68	
Jante finie, émaillée.	5 08	Remplacer une jante sans caoutchouc.	Roue antérieure........	5 68	
			Roue postérieure.......	5 73	
		Relever les bords d'une jante mutilée (de une à six parties mutilées)............		0 03	
		Rebraser une jante (avec pièce rapportée).................................		0 70	Y compris le vernissage.
		e) CAOUTCHOUC.			
		Réparer une fente...................		0 02	
		Retourner un caoutchouc et le recoller.....		0 15	
		Recoller un caoutchouc.		0 12	
Anneau de caoutchouc..........	15 85	Remplacer un anneau de caoutchouc.	Roue antérieure........	16 17	
			Roue postérieure.......	16 22	
Colle.	3 75 le kilog.	Colle pour caoutchouc.................		»	

PIÈCES DE BICYCLETTE DE RECHANGE. État de fabrication dans lequel elles sont envoyées aux corps par l'atelier de construction de Puteaux.	PRIX AUQUEL elles sont livrées aux corps.	INDICATION DES RÉPARATIONS.	PRIX TOTAL de la réparation.	OBSERVATIONS.
	fr. c.	**II. — MOUVEMENT PÉDALIER.** (*a*).	fr. c.	
Mouvement pédalier complet, monté, émaillé, y compris le boulon d'assemblage, le tendeur et les pédales.......	57 06	Remplacer un mouvement pédalier complet........................	57 41	
		Régler le mouvement pédalier...........	0 05	
		b) MOYEU.		
Corps de moyeu fini, émaillé, avec les deux cuvettes, le graisseur et son chapeau.........	12 13	1° Corps du moyeu. { Remplacer un corps de moyeu.............	12 45	
Cuvette trempée....	0 51	Remplacer une cuvette ..	0 86	
Deux cuvettes......	1 02	Remplacer deux cuvettes.	1 45	
Arbre des manivelles fini, avec le cône fixe et la roue dentée, clavetée et soudée..........	11 21	Arbre des manivelles. { Remplacer l'arbre des manivelles avec le cône fixe et la roue dentée.	11 51	
Arbre sans cône ni roue............	4 28	Redresser un arbre.....	0 75	
		Remplacer un arbre sans cône ni roue.........	4 83	
Route dentée et cône fixe.............	6 93	Remplacer la roue dentée et le cône fixe........	7 48	
Cône mobile........	0 99	Remplacer un cône mobile	1 16	
Contre-écrou.......	0 26	Remplacer le contre-écrou du cône mobile..	0 43	
Cône fixe..........	0 78	2° Arbre des manivelles. { Remplacer le cône fixe ..	1 08	
Un cône fixe et un cône mobile......	2 13	Remplacer les deux cônes................	2 45	
Cône fixe, cône mobile et contre-écrou.	2 40	Remplacer les deux cônes et le contre-écrou.	2 74	
Graisseur sans chapeau............	0 06	Remplacer un graisseur cassé dans le moyeu...	0 28	
Graisseur sans chapeau............	0 06	Remplacer un graisseur sans chapeau........	0 08	
Chapeau de graisseur.	0 06	Remplacer le chapeau du graisseur...........	0 07	
Billes de 7mm 94....	36 » le mille.	3° Billes....... { Remplacer une ou plusieurs billes.........	0 30	Pour le démontage et le remontage, non compris le prix des billes.
Pare-poussière......	1 05	Remplacer un pare-poussière, côté droit......	1 36	

PIÈCES DE BICYCLETTE DE RECHANGE. — État de fabrication dans lequel elles sont envoyées aux corps par l'atelier de construction de Puteaux.	PRIX AUQUEL elles sont livrées aux corps.	INDICATION DES RÉPARATIONS.	PRIX TOTAL de la réparation.	OBSERVATIONS.
	fr. c.	**MOUVEMENT PÉDALIER** (*suite*).	fr. c.	
		b) MOYEU (*suite*).		
Pare-poussière.	1 05	3° Billes...... (*suite*). { Remplacer un pare-poussière, côté gauche....	1 08	
Vis du pare-poussière	0 10	Remplacer la vis du pare-poussière............	0 12	
Vis du pare-poussière	0 10	Remplacer la vis du pare-poussière cassée dans son logement..........	0 40	
		c) MANIVELLES.		
Manivelle émaillée..	2 40	Remplacer une manivelle...............	2 55	Y compris le démontage et le remontage de la pédale et l'ajustage de la clavette.
		Redresser une manivelle...............	0 12	
Clavette { sans rondelle ni écrou........	0 73	Remplacer une clavette. { Sans rondelle ni écrou ..	0 80	
Clavette { avec rondelle et écrou........	0 92	{ Avec rondelle et écrou ..	0 99	
Rondelle de clavette.	0 10	Remplacer une rondelle de clavette.......	0 11	
Ecrou............	0 09	Remplacer un écrou de clavette.........	0 11	
		d) PÉDALES.		
Pédale complète, finie et montée, émaillée........	9 72	Remplacer une pédale complète.........	9 75	
Pédale comprenant les deux joues, les deux lames, les deux tiges de caoutchouc, les deux caoutchouc, le pare-poussière intérieur, émaillée..	3 89	Remplacer une pédale sans axe, ni cône, ni écrou, ni contre-écrou, ni rondelle, ni bille, ni pare-poussière extérieur........	4 07	
Axe fini et trempé..	1 46	1° Axes. ...... { Remplacer un axe de pédale...............	1 64	
		Redresser un axe de pédale...............	0 20	
Ecrou d'axe de pédale.	0 21	Remplacer un écrou d'axe de pédale............	0 23	
Cône mobile trempé.	0 73	Remplacer un cône mobile................	0 82	
Rondelle du cône...	0 13	Remplacer une rondelle du cône.............	0 15	
Ecrou de la rondelle du cône.	0 15	Remplacer l'écrou de la rondelle du cône.....	0 17	

PIÈCES DE BICYCLETTE DE RECHANGE. État de fabrication dans lequel elles sont envoyées aux corps par l'atelier de construction de Puteaux.	PRIX AUQUEL elles sont livrées aux corps.	INDICATION DES RÉPARATIONS.	PRIX TOTAL de la réparation.	OBSERVATIONS.
	fr. c.	**MOUVEMENT PÉDALIER** (*suite*). *d*) PÉDALES (*suite*).	fr. c.	
Joue émaillée.	1 24		Remplacer une joue.....	1 42	
Tube de recouvrement émaillé.....	1 38	Remplacer un tube de recouvrement........	0 56	
Deux lames de pédales émaillées...	0 34	Remplacer une ou deux lames de pédales.....	0 74	
		Redresser une lame.....	0 03	
Tige de caoutchouc..	0 24	2º Joues........	Remplacer une tige avec vis	0 26	
Vis de tige........	0 04	Remplacer une vis de tige de caoutchouc....	0 03	
Vis de tige........	0 04	Remplacer une vis de tige cassée dans son logement............	0 04	
Caoutchouc de pédale.	0 50	Remplacer un caoutchouc de pédale............	0 52	
Billes de 4mm,76....	22 » le mille.	Remplacer une ou plusieurs billes.	0 46	Pour le démontage et le remontage, non compris le prix des billes.
		3ª Billes.......			
Pare-poussière extérieur.............	0 54	Remplacer un pare-poussière extérieur......	0 56	
Pare-poussière intérieur émaillé.....	0 03	Remplacer un pare-poussière intérieur.......	0 06	
		e) TENDEUR.		
Tendeur avec boulons et écrous non émaillés.	2 09	Remplacer un tendeur complet..........	2 34	
Tige du tendeur non émaillée........	1 16	Remplacer la tige du tendeur............	1 29	
Boulon du tendeur non émaillé......	0 44	Remplacer le boulon du tendeur.........	0 51	Y compris le vernissage.
Ecrou du boulon non émaillé.	0 15	Remplacer l'écrou du boulon du tendeur...	0 22	
Ecrou de réglage de la tige non émaillé.	0 17	Remplacer un écrou de réglage de la tige..	0 24	
		III. — CADRE.		
Cadre complet avec boulon de serrage de la tige-support de selle, plaque d'identité et ses vis, mais sans le boulon d'assemblage du mouvement pédalier, émaillé.....	39 39	Remplacer le cadre complet comprenant le cadre proprement dit et l'arrière du cadre........................	39 89	

PIÈCES DE BICYCLETTE DE RECHANGE. État de fabrication dans lequel elles sont envoyées aux corps par l'atelier de construction de Puteaux.	PRIX AUQUEL elles sont livrées aux corps.		INDICATION DES RÉPARATIONS.	PRIX TOTAL de la réparation.	OBSERVATIONS.
	fr. c.		**CADRE** (*suite*).	fr. c.	
Cadre proprement dit avec cuvette supérieure et chapeau de la cuvette inférieure brasé, plaque d'identité, émaillé.........	23 94		Remplacer le cadre proprement dit formé de quatre gros tubes goupillés et brasés (1) sur des coudes.	24 41	
Cuvette...........	0 44	Cadre proprement dit.	Remplacer une cuvette du cadre......	0 74	
			Redresser un tube faussé............	0 85	
			Rebraser un tube et le goupiller s'il y a lieu.........................	0 85	Y compris le raccord au vernis.
Boulon de serrage de la tige, support de selle.	1 26		Remplacer le boulon de serrage de la tige-support de selle.............	1 28	
Ecrou du boulon....	0 38		Remplacer l'écrou du boulon de serrage.....................	0 40	
Plaque d'identité avec ses trois vis......	1 38		Remplacer une plaque d'identité......	1 68	
			Revisser la plaque d'identité.........	0 25	
Support du tendeur avec ses deux vis..	0 75		Remplacer le support du tendeur......	1 60	*Idem.*
			Rebraser le support du tendeur et le visser s'il y a lieu...............	0 85	*Idem.*
Deux petits tubes, un inférieur et un supérieur émaillés, avec œilletons fermés, goupillés et brasés sur l'œilleton ouvert, côté droit ou côté gauche......	6 57		Remplacer deux petits tubes d'arrière du cadre, côté droit ou côté gauche.	6 82	
Petit tube supérieur avec œilleton fermé supérieur, émaillé.	2 39	Arrière du cadre.	Remplacer un petit tube d'arrière du cadre goupille et brasé sur un œilleton fermé supérieur.	2 84	*Idem.*
			Redresser un petit tube supérieur.....	0 15	
Petit tube inférieur avec œilleton fermé inférieur, émaillé.	2 60		Remplacer un petit tube d'arrière du cadre brasé sur un œilleton fermé inférieur....................	3 05	Y compris le raccord au vernis.
Œilleton fermé supérieur.............	1 72		Remplacer un œilleton fermé supérieur.....................	2 17	
Œilleton fermé inférieur.............	1 83		Remplacer un œilleton fermé inférieur.....................	2 28	
Œilleton ouvert { côté gauche...	1 58		Remplacer un œilleton ouvert. { Côté gauche........	2 03	
{ côté droit.	1 58		{ Côté droit........	2 03	

(1) Toutes les parties de la machine qui sont brasées, sont préalablement goupillées, à l'exception du support du tendeur, de la chape du levier de frein et du T du guidon qui sont vissés.

PIÈCES DE BICYCLETTE DE RECHANGE. État de fabrication dans lequel elles sont envoyées aux corps par l'atelier de construction de Puteaux.	PRIX AUQUEL elles sont livrées aux corps.	INDICATION DES RÉPARATIONS.	PRIX TOTAL de la réparation.	OBSERVATIONS.
	fr. c.	**IV. — GOUVERNAIL.**	fr. c.	
		a)		
Un gouvernail complet comprenant : guidon complet avec porte-lanterne, douille complète, billes, émaillé et nickelé.....	32 27	Remplacer le gouvernail complet avec billes................................	32 42	
		b) GUIDON.		
Guidon émaillé et nickelé avec poignées en caoutchouc et tube de réglage, sans le porte-lanterne...........	9 34	Remplacer un guidon complet............	9 40	
		Redresser la branche horizontale du guidon. { 1 côté...............	0 35	
		{ 2 côtés...............	0 60	
Tube de réglage	0 70	Remplacer le tube de réglage...........	1 15	Non compris le nickelage.
		Redresser le tube de réglage............	0 30	
Porte-lanterne et sa vis, émaillé......	2 43	Remplacer le porte-lanterne.	2 53	
		Redresser le porte-lanterne.............	0 20	
		Donner du serrage au porte-lanterne......	0 15	
Vis du porte-lanterne.	0 62	Remplacer la vis du porte-lanterne..	0 68	
Chape du levier de frein avec ses boulons et ses vis....	0 97	Remplacer la chape du levier du frein et son boulon (visser et braser)...............	1 42	Y compris le vernissage.
		Rebraser la chape du levier de frein et la visser s'il y a lieu.	0 35	*Idem.*
Poignée en caoutchouc...........	0 65	Remplacer une poignée en caoutchouc sans la coller.	0 67	
		Coller une poignée en caoutchouc........	0 40	
		c) DOUILLE.		
Douille complète émaillée, avec fourreaux et œilletons, cuvette inférieure fixe, cuvette de réglage à chapeau moleté et son contre-écrou........	19 57	Remplacer la douille complète sans billes, ni frein......	20 12	
Tube fileté et fendu à la partie supérieure............	2 45	Remplacer la douille proprement dite.....	2 70	

PIÈCES DE BICYCLETTE DE RECHANGE. — État de fabrication dans lequel elles sont envoyées aux corps par l'atelier de construction de Puteaux.	PRIX AUQUEL elles sont livrées aux corps.	INDICATION DES RÉPARATIONS.	PRIX TOTAL de la réparation.	OBSERVATIONS.
	fr. c.	**IV. — GOUVERNAIL** (*suite*).	fr. c.	
		c) DOUILLE (*suite*).		
		Redresser la douille proprement dite......	0 40	
Cuvette de réglage à chapeau moleté...	0 86	Remplacer la cuvette de réglage à chapeau moleté.....................	1 03	
Cuvette fixe inférieure.........	0 37	Remplacer la cuvette fixe inférieure.......	0 72	
		Ressouder la cuvette fixe inférieure.......	0 15	
Contre-écrou de la cuvette de réglage.	0 40	Remplacer le contre-écrou de la cuvette de réglage...................	0 46	
Fourreau avec œilleton émaillé	2 »	Remplacer un fourreau.................	2 65	Y compris le raccord au vernis.
Deux fourreaux avec œilletons émaillés.	4 »	Remplacer deux fourreaux.............	5 05	
		Redresser un fourreau.................	0 23	
		Redresser deux fourreaux...........	0 70	
		Rebraser un fourreau.................	0 20	*Idem.*
Œilleton ouvert...	0 59	Remplacer un œilleton ouvert du fourreau.	0 99	
		Braser l'œilleton ouvert du fourreau.......	0 40	Y compris le vernissage.
Deux œilletons ouverts............	1 18	Remplacer deux œilletons ouverts du fourreau.	1 68	
Tête de fourche.....	9 72	Remplacer la tête de fourche...........	11 17	
		d) BILLES.		
Billes de 4mm,76....	22 » le mille.	Remplacer une ou plusieurs billes. { de la cuvette supérieure.	0 07	Pour le démontage et le remontage, non compris le prix des billes.
		{ de la cuvette inférieure..	0 10	
		V. — CHAINE.		
Chaîne.............	6 98	Remplacer une chaîne complète.........	7 06	
Boulon d'accouplement...........	0 25	Remplacer le boulon d'accouplement......	0 30	
Maille.............	0 40	Remplacer une maille.................	0 60	
		Redresser deux maillons...............	0 05	
		VI. — SELLE (Modèle A).		
Selle complète sans tube-support.....	12 48	Remplacer une selle complète sans le tube-support..................	12 51	
Tube-support nickelé.	3 82	Remplacer le tube-support de selle.......	3 85	
		Redresser le tube-support de selle.......	0 05	
Chariot et sa vis....	1 29	Remplacer le chariot de la selle avec sa vis.	1 44	
Vis du chariot......	0 62	Remplacer la vis du chariot...........	0 69	
Vis du chariot......	0 62	Remplacer la vis du chariot cassée dans son logement.	0 82	

PIÈCES DE BICYCLETTE DE RECHANGE. État de fabrication dans lequel elles sont envoyées aux corps par l'atelier de construction de Puteaux.	PRIX AUQUEL elles sont livrées aux corps.	INDICATION DES RÉPARATIONS.	PRIX TOTAL de la réparation.	OBSERVATIONS.
	fr. c.	**SELLE (Modèle A) (suite).**	fr. c.	
Ressort { gauche...	1 04	Remplacer { gauche,..............	1 29	
Ressort { droit....	1 04	un { droit...............	1 29	
Ressort { antérieur.	1 04	ressort { antérieur.............	1 29	
		Redresser un ressort................	0 10	
		Redresser deux ressorts................	0 15	
Vis de serrage du ressort.........	0 22	Remplacer la vis de serrage du ressort.....	0 29	
	0 22	Remplacer une vis du serrage du ressort cassée dans son logement.............	0 42	
Tendeur de la selle..	0 40	Remplacer le tendeur de la selle (ou entretoise antérieure).................	0 65	
Guide de la vis du tendeur.........	0 20	Remplacer le guide de la vis du tendeur (ou entretoise postérieure).............	0 45	
Vis du tendeur de la selle............	0 45	Remplacer la vis du tendeur de la selle....	0 50	
Siège de selle......	1 40	Remplacer le siège de la selle............	1 70	
		Raccourcir le siège de selle............	0 20	
Croissant..........	0 80	Remplacer le croissant...............	1 10	
Agrafe du ressort. ..	1 04	Remplacer l'agrafe du ressort............	1 21	
Œilleton du ressort.	0 28	Remplacer un œilleton du ressort.........	0 48	Y compris le vernissage.
Deux œilletons de ressort..............	0 56	Remplacer deux œilletons de ressort.......	0 94	
Ecrou d'œilleton....	0 15	Remplacer un écrou d'œilleton..........	0 22	
Rivet.............	0 01	Remplacer un rivet................	0 03	
Ecrou du boulon....	0 13	Remplacer un écrou du boulon de l'agrafe..	0 14	
Œilleton du ressort.	0 28	Remplacer un œilleton de ressort.........	0 48	
Deux œilletons de ressort..............	0 56	Remplacer deux œilletons de ressort......	0 94	*Idem.*
Ecrou d'œilleton....	0 15	Remplacer un écrou d'œilleton..........	0 22	
Rivet..............	0 04	Remplacer un rivet.,................	0 03	
		SELLE (Modèle B).		
Selle complète sans tube-support.....	13 54	Remplacer une selle complète sans le tube-support.......................	13 57	
Tube-support nickelé.	3 58	Remplacer le tube-support de selle........	3 85	
		Redresser le tube-support de selle........	0 05	
Chariot et sa vis.....	1 29	Remplacer le chariot de la selle avec sa vis.	1 44	
Vis du chariot	0 62	Remplacer la vis du chariot.............	0 69	
Vis du chariot......	0 62	Remplacer la vis du chariot cassée dans son logement.	0 82	
Ressort { gauche ..	1 07	Remplacer { gauche.............	1 32	
Ressort { droit....	1 07	un { droit.............	1 32	
Ressort { antérieur.	1 07	ressort { antérieur.	1 32	
Tendeur de selle....	0 40	Remplacer le tendeur de la selle ou entretoise antérieure.....................	0 65	
Guide de la vis du tendeur.........	0 40	Remplacer le guide du tendeur ou entretoise postérieure.....................	0 65	

PIÈCES DE BICYCLETTE DE RECHANGE. État de fabrication dans lequel elles sont envoyées aux corps par l'atelier de construction de Puteaux.	PRIX AUQUEL elles sont livrées aux corps.	INDICATION DES RÉPARATIONS.	PRIX TOTAL de la réparation.	OBSERVATIONS.
	fr. c.	**SELLE (Modèle B) (*suite*).**	fr. c.	
Vis du tendeur de la selle............	0 45	Remplacer la vis du tendeur de la selle....	0 50	
Siège de selle......	1 90	Remplacer le siège de la selle............	2 20	
		Raccourcir le siège de la selle............	0 20	
Croissant..........	0 80	Remplacer le croissant..................	1 10	
Boulon du croissant.	0 35	Remplacer un boulon du croissant........	0 57	Y compris le vernissage.
Deux boulons du croissant	0 70	Remplacer deux boulons du croissant.....	0 92	
Deux écrous de boulons du croissant..	0 26	Remplacer deux écrous de boulon du croissant.............................	0 28	
Agrafe du ressort...	1 01	Remplacer l'agrafe du ressort............	1 21	*Idem.*
Boulon de l'agrafe...	0 35	Remplacer le boulon de l'agrafe..........	0 51	
		VII. — FREIN.		
Frein complet sans la chape du levier...	5 707	Remplacer le frein complet..............	5 867	
Tube extérieur { sans patin....	0 40	Remplacer le tube extérieur { sans patin............	0 80	
Tube extérieur { avec patin....	1 30	Remplacer le tube extérieur { avec patin............	1 41	
		Redresser le tube extérieur..............	0 19	
Patin.............	0 80	Remplacer le patin.....................	1 20	
Tube intérieur nickelé avec la chape (modèle A)..........	0 69	Remplacer le tube intérieur avec sa chape.	0 79	
		Redresser le tube intérieur..............	0 09	
Tige intérieure nickelée avec la chape (modèle B).......	0 721	Remplacer la tige intérieure avec sa chape.	0 821	
		Redresser la tige intérieure..............	0 09	
Boulon de la chape du tube intérieur avec écrou.......	0 23	Remplacer le boulon de la chape du tube intérieur................................	0 26	
Ecrou du boulon....	0 40	Remplacer l'écrou du boulon de la chape du tube intérieur.........................	0 11	
Bague de réglage du ressort { sans la vis....	0 43	Remplacer la bague de réglage du ressort { sans la vis............	0 63	
Bague de réglage du ressort { avec la vis....	0 61	Remplacer la bague de réglage du ressort { avec la vis............	0 81	
Vis de serrage de la bague..........	0 18	Remplacer la vis de serrage de la bague du ressort.	0 20	
Vis de serrage de la bague..........	0 18	Remplacer la vis de serrage de la bague cassée dans son logement..............	0 33	
Bride de réglage des tubes.	0 58	Remplacer la bride de réglage des tubes...	0 78	
Vis de serrage de la bride (identique à la vis de serrage de la bague du ressort)	0 18	Remplacer la vis de la bride de réglages des tubes.	0 20	

PIÈCES DE BICYCLETTE DE RECHANGE. État de fabrication dans lequel elles sont envoyées aux corps par l'atelier de construction de Puteaux.	PRIX AUQUEL elles sont livrées aux corps.	INDICATION DES RÉPARATIONS.	PRIX TOTAL de la réparation.	OBSERVATIONS.
	fr. c.	**FREIN** (*suite*).	fr. c.	
Levier de frein.....	1 47	Remplacer le levier de frein.............	1 56	
		Redresser le levier de frein..............	0 27	
Boulon de la chape du levier de frein.	0 18	Remplacer le boulon de la chape du levier de frein (fixée au guidon).............	0 20	
Ecrou du boulon de la chape du levier de frein........	1 10	Remplacer l'écrou du boulon de la chape du levier de frein....................	0 11	
Ressort à boudin....	0 10	Remplacer le ressort à boudin..........	0 19	
Rondelle d'appui du ressort à boudin ..	0 106	Remplacer un rondelle d'appui du ressort à boudin.........................	0 206	
		VIII. — GARDE-BOUE.		
Deux garde-boue complets émaillés.	6 777	Remplacer les deux garde-boue complets..	7 027	
Garde-boue antérieur complet avec vis et pincettes, émaillé.	1 99	*Garde-boue antérieur.* Remplacer le garde-boue antérieur complet....................	2 09	
		Redresser le garde-boue antérieur.....	0 10	
Vis du garde-boue antérieur........	0 12	Remplacer la vis du garde-boue antérieur....................	0 19	
Pincettes du garde-boue antérieur....	0 90	Remplacer les pincettes du garde-boue antérieur....................	1 05	
		Redresser les pincettes du garde-boue antérieur....................	0 20	
Garde-boue postérieur complet avec vis, écrous, entretoises, pincettes, émaillé..........	4 787	*Garde-boue postérieur.* Remplacer le garde-boue postérieur complet....................	4 937	
		Redresser le garde-boue postérieur....	0 15	
Pincettes du garde-boue postérieur, émaillées........	0 90	Remplacer les pincettes du garde-boue postérieur....................	1 10	
Entretoise avec ses deux vis, son boulon et son écrou (Mle A.)........	1 21	Remplacer une entretoise avec ses deux vis, son boulon et son écrou........	1 56	
Entretoise supérieure avec ses trois boulons et ses trois écrous. (Mle B.)..	1 705	Remplacer une entretoise supérieure avec ses trois boulons et ses trois écrous.	2 055	
Entretoise inférieure avec ses deux boulons et ses deux écrous. (Mle B.)..	1 205	Remplacer une entretoise inférieure avec ses deux boulons et ses deux écrous.	1 555	
Vis d'entretoise.....	0 12	Remplacer une vis d'entretoise........	0 19	
Vis d'entretoise.....	0 12	Remplacer une vis d'entretoise cassée dans son logement.................	0 32	

PIÈCES DE BICYCLETTE DE RECHANGE. — État de fabrication dans lequel elles sont envoyées aux corps par l'atelier de construction de Puteaux.	PRIX AUQUEL elles sont livrées aux corps.	INDICATION DES RÉPARATIONS.	PRIX TOTAL de la réparation.	OBSERVATIONS.
	fr. c.	**GARDE-BOUE** (*suite*).	fr. c.	
Boulon d'entretoise avec écrou.......	0 40	Garde-boue postérieur. (*suite*). { Remplacer le boulon de l'entretoise.........	0 50	
Ecrou de boulon de l'entretoise.......	0 20	Remplacer l'écrou du boulon de l'entretoise.	0 27	
		ACCESSOIRES.		
		a) SACOCHE A OUTILS.		
Sacoche.	2 50	Remplacer la sacoche vide.	2 50	
Patte de suspension.		Remplacer une patte de suspension......	0 15	
Patte de fermeture..		Remplacer la patte de fermeture........	0 15	Y compris la pose du bouton du couvercle.
Bouton de suspension.	0 04	Remplacer un bouton de suspension.... .	0 10	
Bouton de fermeture.	0 04	Remplacer un bouton de fermeture.......	0 10	
Bouton du couvercle.	0 03	Remplacer le bouton du couvercle........	0 05	
Clef..............	4 50	Remplacer une clef....................	4 50	
Burette à huile.....	0 30	Remplacer une burette à huile..........	0 30	
Bâton de colle.	0 10	Remplacer un bâton de colle............	0 10	
		b) CORNE D'AVERTISSEMENT.		
Corne.............	2 25	Remplacer une corne complète..........	2 25	
Poire.............	1 »	Remplacer une poire..................	1 05	
Poire avec bouchon et virole........	1 80	Remplacer une poire avec bouchon et virole.	1 90	
Anche.............	0 30	Remplacer une anche.................	0 35	
Vis pour tenon	0 25	Remplacer une vis pour tenon...........	0 30	
Tenon supérieur....	0 30	Remplacer un tenon supérieur..........	0 33	
Clef pour vis-tenon..	0 10	Remplacer une clef pour vis-tenon.......	0 10	
		c) LANTERNE A SUSPENSION MOBILE.		
Lanterne..........	12 »	Remplacer une lanterne................	12 05	
Lampe avec porte-mèche...........	1 20	Remplacer une lampe avec porte-mèche...	1 21	
Porte-mèche.......	0 35	Remplacer un porte-mèche.............	0 36	
Lentille avec ressort.	1 30	Remplacer une lentille et son ressort......	1 35	
Ressort double de suspension, comprenant : l'armature, la gaine avec caoutchouc, les deux ressorts en fil d'acier, la vis de serrage et la plaque d'attache........	3 75	Remplacer un ressort double de suspension sans anse...........................	4 05	

PIÈCES DE BICYCLETTE DE RECHANGE. — État de fabrication dans lequel elles sont envoyées aux corps par l'atelier de construction de Puteaux.	PRIX AUQUEL elles sont livrées aux corps.	INDICATION DES RÉPARATIONS.	PRIX TOTAL de la réparation.	OBSERVA-TIONS.
	fr. c.		fr. c.	
		ACCESSOIRES (*suite*).		
		c) LANTERNE A SUSPENSION MOBILE (*(suite*).		
Ressort de lentille...	0 30	Remplacer un ressort de lentille.........	0 35	
Anse de suspension avec les deux pivots à écrous, le disque en bronze échancré.	1 20	Remplacer l'anse de suspension.........	1 60	
Réflecteur de porte..	1 20	Remplacer un réflecteur de porte........	1 45	
Réflecteur intérieur.	0 50	Remplacer un réflecteur intérieur........	0 60	
Ressort-frein de la suspension.......	0 30	Remplacer un ressort-frein de la suspension..................	0 50	
Ressort-fermeture de porte...........	0 30	Remplacer un ressort de fermeture de porte................	0 45	
Vis de serrage nickelée.	0 35	Remplacer une vis de serrage nickelée.....	0 40	
		ENTRETIEN.		
		Démonter, nettoyer et graisser tous les mouvements.......................	0 35	

PARIS. — IMPRIMERIE L. BAUDOIN, RUE CHRISTINE, 2.